Impressum
Verlag: BABADADA GmbH, Nedderfeld 112 , 22529 Hamburg
Geschäftsführer / Verlagsleitung: Harald Hof
Druck: Books on Demand GmbH, In de Tarpen 42, 22848 Norderstedt

Imprint
Publisher: BABADADA GmbH, Nedderfeld 112 , 22529 Hamburg, Germany
Managing Director / Publishing direction: Harald Hof
Print: Books on Demand GmbH, In de Tarpen 42, 22848 Norderstedt, Germany

skola
学校

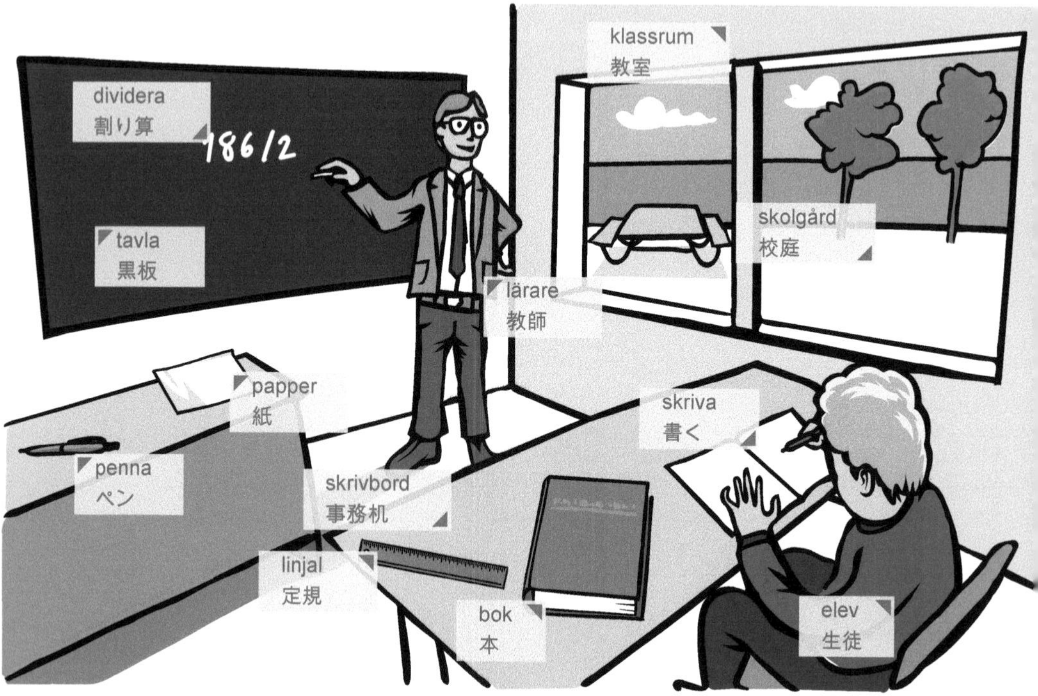
klassrum
教室
dividera
割り算
186/2
tavla
黒板
skolgård
校庭
lärare
教師
papper
紙
skriva
書く
penna
ペン
skrivbord
事務机
linjal
定規
bok
本
elev
生徒

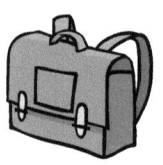

skolväska
ランドセル

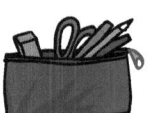

pennfodral
筆入れ

blyertspenna
鉛筆

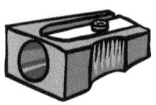

pennvässare
鉛筆削り

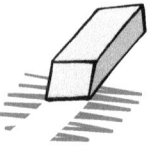

suddgummi
消しゴム

ritblock
スケッチブック

teckning
スケッチ

pensel
絵筆

målarlåda
絵の具箱

sax
はさみ

lim
接着剤

övningsbok
練習帳

hemläxa
宿題

tal
数

addera
足し算

subtrahera
引き算

multiplicera
かけ算

räkna
計算する

bokstav
文字

alfabet
アルファベット

ord
単語

text

テキスト

läsa

読む

krita

チョーク

lektion

授業

register

学級日誌

prov

試験

intyg

通知表

skoluniform

制服

utbildning

教育

uppslagsverk

百科事典

universitet

大学

mikroskop

顕微鏡

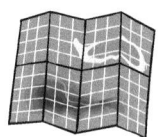

karta

地図

papperskorg

ごみ箱

hotell
ホテル

Grand

vandrarhem
ホステル

ROOMS

växelkontor
両替所

EXCHANGE

resväska
スーツケース

bil
自動車

språk
言語

ja / nej
はい ／ いいえ

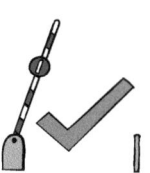

Okay
問題ない

hej
ハロー

översättare
翻訳者

Tack
ありがとう

hur mycket kostar...?

...はいくらですか？

jag förstår inte

わかりません

problem

問題

God kväll!

こんばんは！

God morgon!

おはようございます！

God natt!

おやすみなさい！

hejdå

さようなら

riktning

方向

bagage

手荷物

väska

バッグ

ryggsäck

リュックサック

gäst

お客様

rum

部屋

sovsäck

寝袋

tält

テント

turistinformation

旅行者情報

strand

ビーチ

kreditkort

クレジットカード

frukost

朝食

lunch

昼食

middag

夕食

biljett

チケット

hiss

エレベーター

frimärke

スタンプ

gräns

境界

tull

税関

ambassad

大使館

visum

ビザ

pass

パスポート

transport
輸送

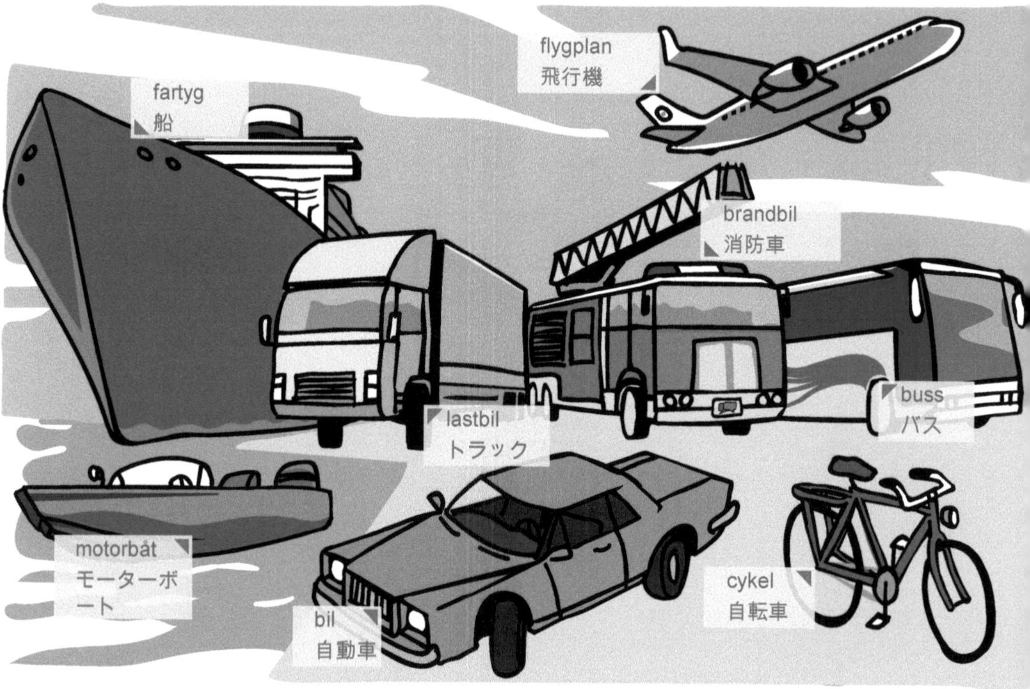

flygplan
飛行機
fartyg
船
brandbil
消防車
lastbil
トラック
buss
バス
motorbåt
モーターボート
cykel
自転車
bil
自動車

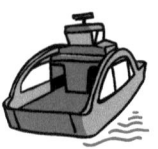

färja
フェリー

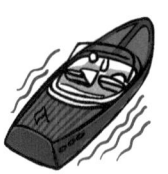

båt
ボート

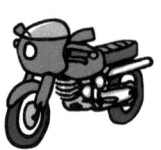

motorcykel
バイク

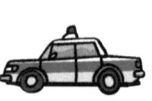

polisbil
パトカー

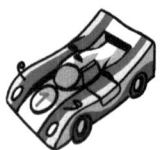

racerbil
レーシングカー

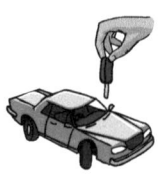

hyrbil
レンタカー

bilpool
カーシェアリング

bärgningsbil
レッカー車

sopbil
ごみ収集車

motor
モーター

bränsle
燃料

bensinstation
ガソリンスタンド

vägmärke
交通標識

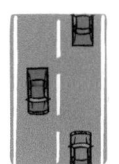

trafik
交通

bilkö
渋滞

parkeringsplats
駐車場

tågstation
駅

räls
道

tåg
列車

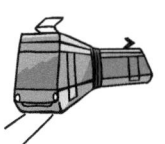

spårvagn
路面電車

vagn
車両

helikopter

ヘリコプター

flygplats

空港

torn

タワー

passagerare

乗客

container

コンテナ

kartong

段ボール箱

vagn

カート

korg

カゴ

starta / landa

離陸 / 着陸

stad

都市

by

村

centrum

都心

hus

家

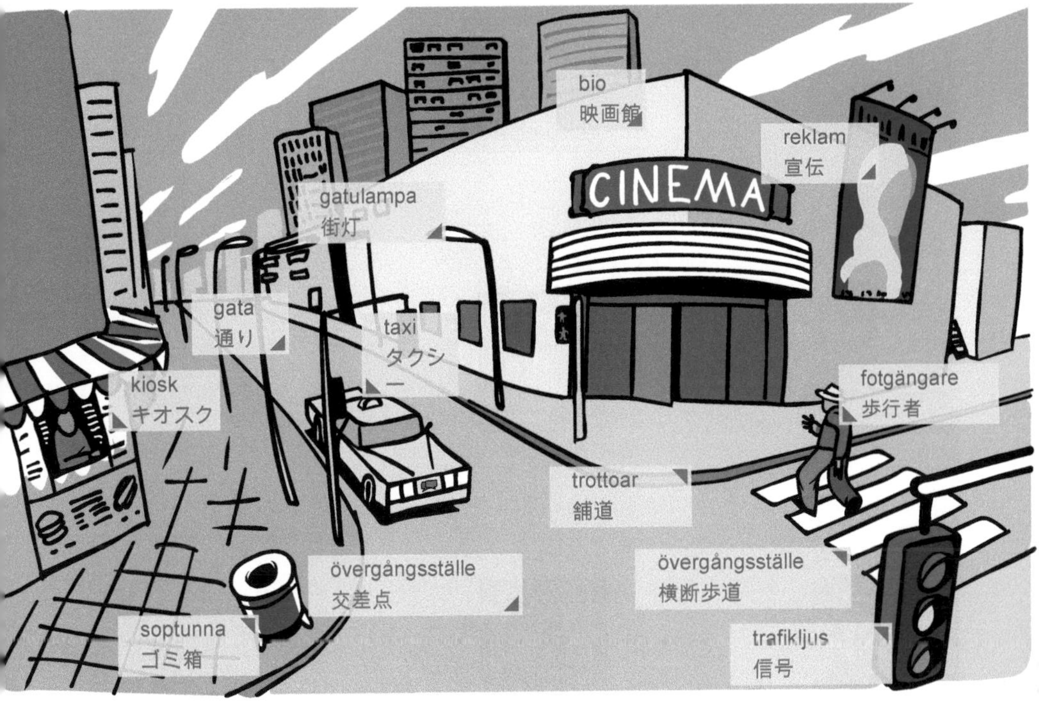
bio
映画館
reklam
宣伝
CINEMA
gatulampa
街灯
gata
通り
taxi
タクシー
kiosk
キオスク
fotgängare
歩行者
trottoar
舗道
övergångsställe
交差点
övergångsställe
横断歩道
soptunna
ゴミ箱
trafikljus
信号

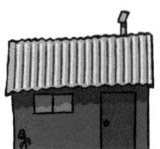

stuga

小屋

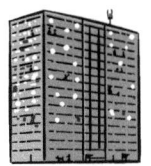

lägenhet

アパート

tågstation

駅

stadshus

市役所

MUSEUM

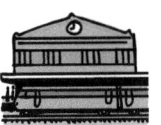

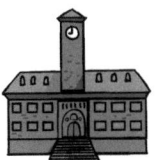

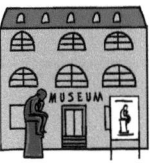

museum

美術館

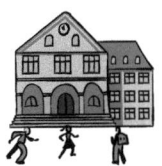

skola

学校

universitet

大学

bank

銀行

sjukhus

病院

hotell

ホテル

apotek

薬局

kontor

オフィス

bokhandel

書店

affär

ショップ

blomsterbutik

花屋

stormarknad

スーパーマーケット

marknad

市場

varuhus

デパート

fiskhandlare

魚屋

köpcentrum

ショッピングセンター

hamn

港

park

公園

bänk

ベンチ

brygga

橋

trappa

階段

tunnelbana

地下鉄

tunnel

トンネル

busshållplats

バス停

bar

バー

restaurang

レストラン

brevlåda

ポスト

gatuskylt

道路標識

parkeringsautomat

パーキングメーター

zoo

動物園

simbassäng

スイミングプール

moské

モスク

bondgård

農場

förorening

汚染

kyrkogård

墓地

kyrka

教会

lekplats

遊び場

tempel

寺

landskap

風景

löv
葉

vägskylt
道標

väg
道

äng
草地

sten
石

träd
木

liftare
ハイカー

flod
川

gräs
草

blomma
花

dal

谷

kulle

山

sjö

湖

skog

森

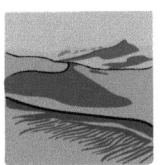

öken

砂漠

vulkan

火山

slott

城

regnbåge

虹

svamp

キノコ

palm

ヤシの木

mygga

蚊

fluga

ハエ

myra

蟻

bi

ミツバチ

spindel

クモ

landskap - 風景

skalbagge

カブトムシ

groda

蛙

ekorre

リス

igelkott

ハリネズミ

hare

ウサギ

uggla

フクロウ

fågel

鳥

svan

白鳥

vildsvin

雄豚

rådjur

鹿

älg

ヘラジカ

damm

ダム

vindkraftverk

風力タービン

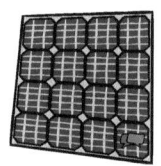

solcellspanel

ソーラーパネル

klimat

気候

restaurang
レストラン

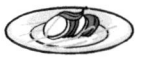

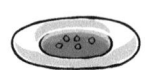

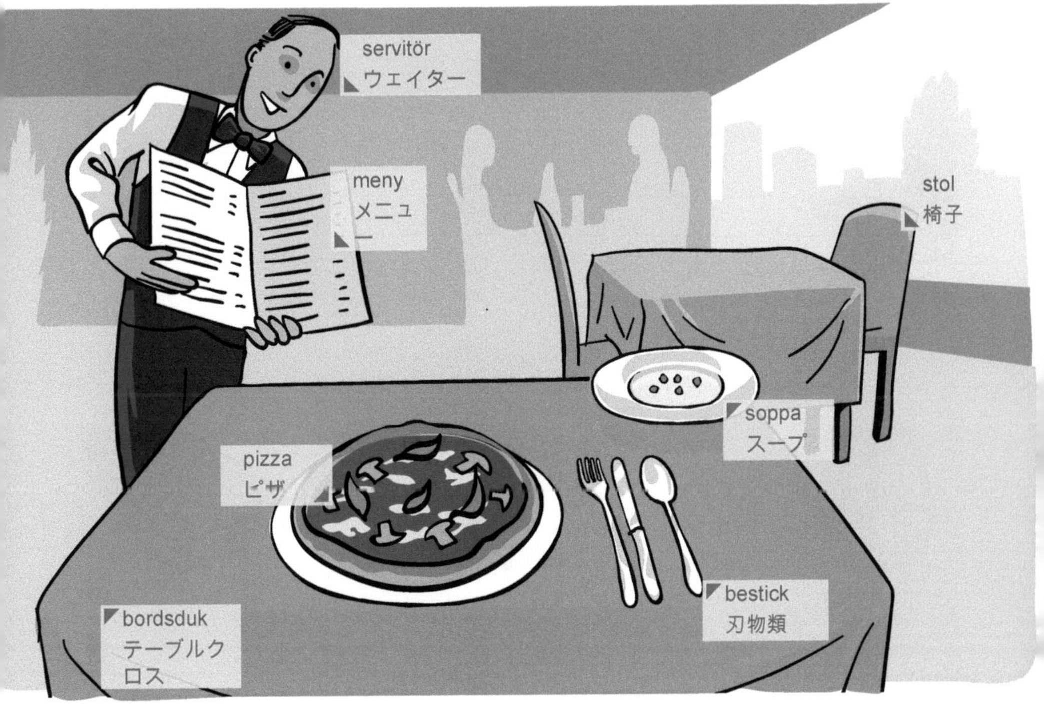
servitör
ウェイター
meny
メニュー
stol
椅子
soppa
スープ
pizza
ピザ
bestick
刃物類
bordsduk
テーブルクロス

förrätt

前菜

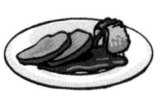

huvudrätt

メインコース

dessert

デザート

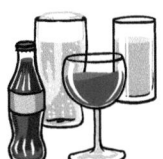

drycker

飲み物

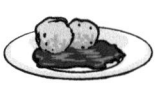

mat

食べ物

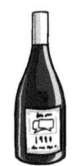

flaska

ボトル

snabbmat

ファストフード

street food

屋台の食べ物

tekanna

ティーポット

sockerskål

砂糖入れ

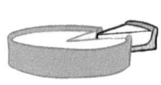

portion

一人前

espressomaskin

エスプレッソマシン

barnstol

幼児用食事椅子

räkning

請求書

bricka

トレー

kniv

ナイフ

gaffel

フォーク

sked

スプーン

tesked

ティースプーン

servett

ナプキン

glas

グラス

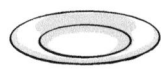

tallrik
皿

sopptallrik
スープ皿

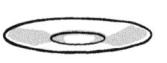

tefat
受け皿

sås
ソース

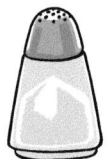

saltkar
塩入れ

pepparkvarn
ペッパーミル

vinäger
酢

olja
油

kryddor
スパイス

ketchup
ケチャップ

senap
マスタード

majonnäs
マヨネーズ

stormarknad
スーパーマーケット

specialerbjudande
特価品
FOR
kund
顧客
mejeriprodukter
乳製品
frukt
果物
varukorg
ショッピング
・カート

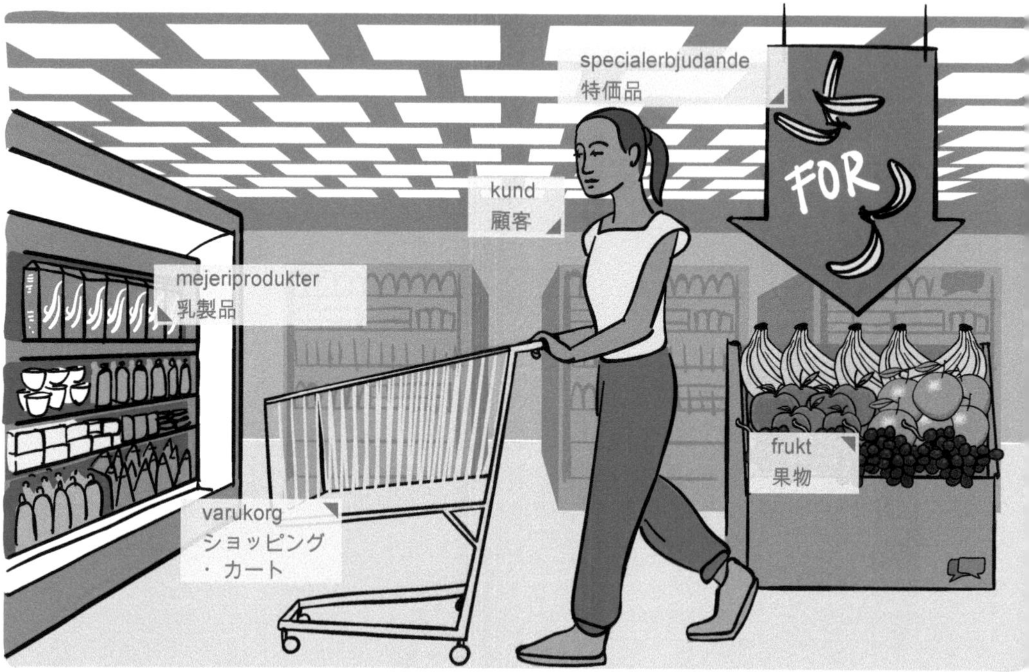

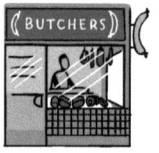

BUTCHERS

charkuteri

肉屋

BAKERY

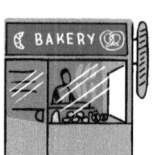

bageri

パン屋

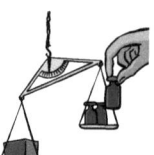

väga

重さをはかる

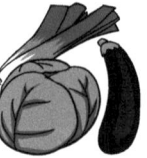

grönsaker

野菜

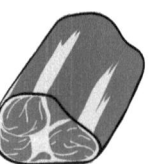

kött

肉

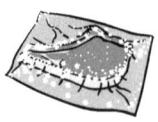

frysta livsmedel

冷凍食品

pålägg
冷肉の薄切り

konserver
缶詰食品

tvättmedel
洗剤

godis
菓子

hushållsprodukter
家庭用品

rengöringsmedel
清掃用品

försäljare
販売員

kassa
現金箱

kassör
レジ係

inköpslista
買い物リスト

öppettider
開館時刻

plånbok
財布

kreditkort
クレジットカード

väska
バッグ

plastpåse
ポリ袋

vatten

水

juice

ジュース

mjölk

牛乳

cola

コーラ

vin

ワイン

öl

ビール

alkohol

アルコール

kakao

ココア

te

紅茶

kaffe

コーヒー

espresso

エスプレッソ

cappuccino

カプチーノ

banan

バナナ

äpple

リンゴ

apelsin

オレンジ

melon

メロン

citron

レモン

morot

ニンジン

vitlök

ニンニク

bambu

竹

lök

玉ねぎ

svamp

キノコ

nötter

ナッツ

nudlar

ヌードル

spaghetti

スパゲッティ

ris

米

sallad

サラダ

pommes frites

フライドポテト

stekt potatis

フライドポテト

pizza

ピザ

hamburgare

ハンバーガー

smörgås

サンドウィッチ

schnitzel

カツレツ

skinka

ハム

salami

サラミ

korv

ソーセージ

kyckling

鶏肉

stek

焼き

fisk

魚

mat - 食べ物

havregryn

麦のお粥

müsli

ムーズリ

cornflakes

コーンフレーク

mjöl

小麦粉

croissant

クロワッサン

fralla

ロールパン

bröd

パン

rostat bröd

トースト

kex

ビスケット

smör

バター

kvarg

カッテージチーズ

kaka

ケーキ

ägg

卵

stekt ägg

目玉焼き

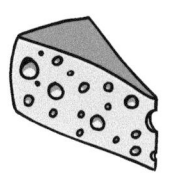

ost

チーズ

glass

アイスクリーム

socker

砂糖

honung

はちみつ

sylt

ジャム

nougatkräm

ヌガークリーム

curry

カレー

bondgård
農場

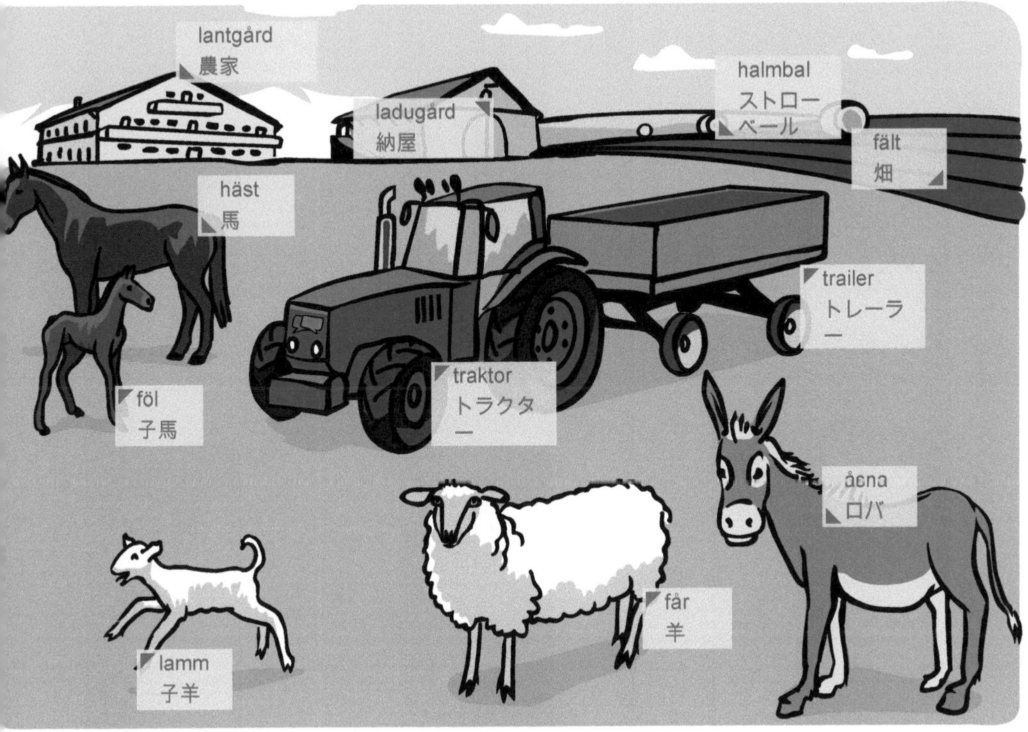
lantgård
農家
ladugård
納屋
halmbal
ストローベール
fält
畑
häst
馬
trailer
トレーラー
traktor
トラクター
föl
子馬
åsna
ロバ
får
羊
lamm
子羊

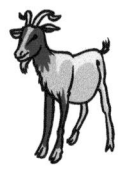

get

ヤギ

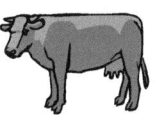

ko

雌牛

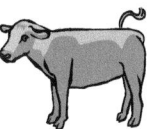

kalv

子牛

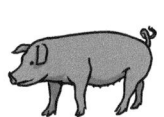

gris

豚

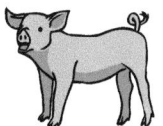

griskulting

子豚

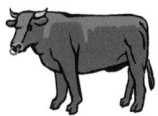

tjur

雄牛

gås

ガチョウ

anka

アヒル

kyckling

ひよこ

höna

にわとり

tupp

おんどり

råtta

ネズミ

katt

猫

mus

ねずみ

oxe

雄牛

hund

犬

hundkoja

犬小屋

trädgårdsslang

散水ホース

vattenkanna

じょうろ

lie

大鎌

plog

すき

skära

草刈り鎌

hacka

くわ

högaffel

堆肥用フォーク

yxa

斧

skottkärra

手押し車

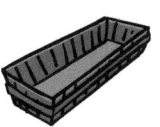

tråg

かいばおけ

mjölkflaska

牛乳缶

säck

袋

staket

フェンス

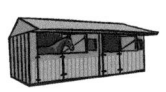

stall

畜舎

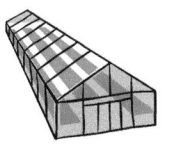

växthus

温室

jord

土壌

säd

種

gödsel

肥料

skördetröska

コンバイン

skörda

収穫する

skörd

収穫

jams

ヤマイモ

vete

小麦

soja

大豆

potatis

じゃがいも

majs

トウモロコシ

raps

菜種

fruktträd

果樹

maniok

キャッサバ

spannmål

穀物

skorsten
煙突

tak
屋根

stuprör
排水管

fönster
窓

garage
車庫

dörrklocka
呼び鈴

dörr
ドア

soptunna
ゴミ箱

brevlåda
郵便受け

trädgård
庭

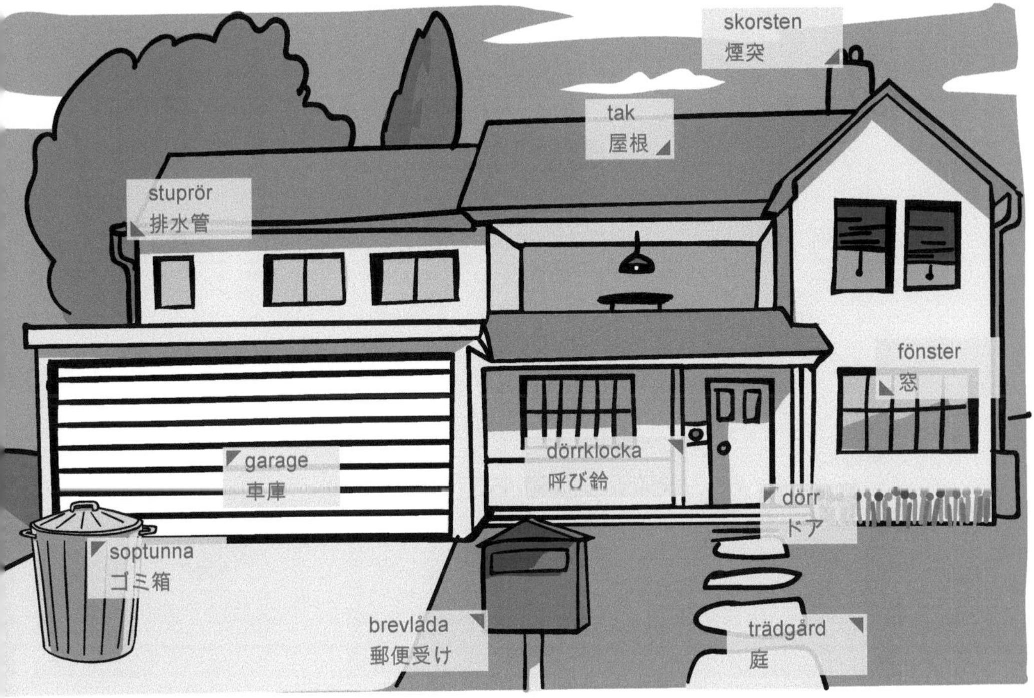

vardagsrum

リビングルーム

badrum

浴室

kök

台所

sovrum

寝室

barnrum

子供部屋

matsal

ダイニング・ルーム

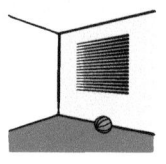

golv

床

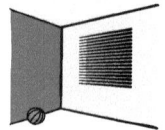

vägg

壁

tak

天井

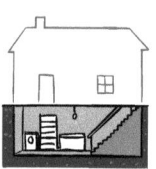

källare

地下貯蔵庫

bastu

サウナ

balkong

バルコニー

terrass

テラス

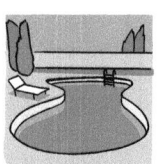

bassäng

プール

gräsklippare

芝刈り機

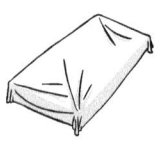

lakan

シーツ

överkast

ベッドカバー

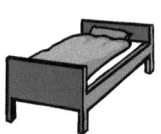

säng

ベッド

kvast

ほうき

hink

バケツ

strömbrytare

スイッチ

vardagsrum

リビングルーム

tapet
壁紙
bild
絵
lampa
ランプ
hylla
棚
skåp
食器棚
TV
テレビ
eldstad
暖炉
blomma
花
kudde
クッション
soffa
ソファ
vas
花瓶
fjärrkontroll
リモコン

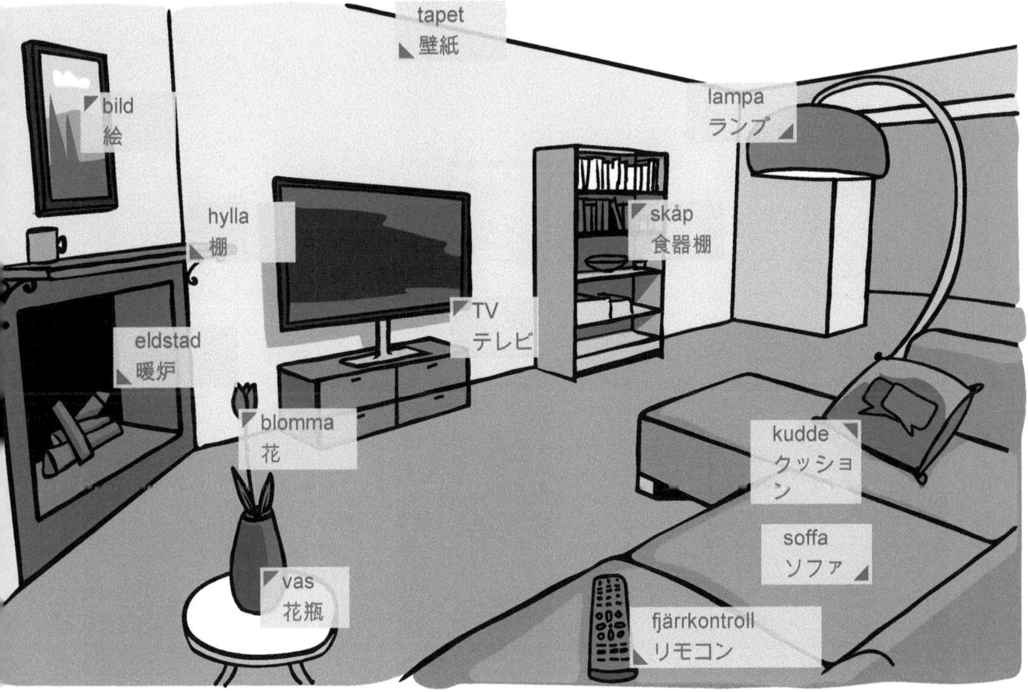

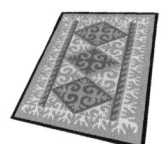

matta
カーペット

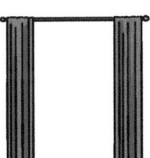

gardin
カーテン

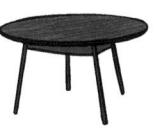

bord
テーブル

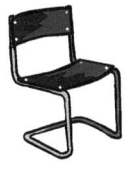

stol
椅子

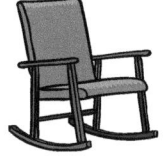

gungstol
ロッキングチェア

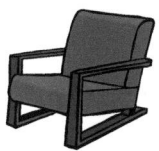

fåtölj
ひじ掛け椅子

bok

本

filt

毛布

dekoration

飾り

vedträ

たきぎ

film

映画

stereoanläggning

ステレオ

nyckel

鍵

dagstidning

新聞

målning

絵画

poster

ポスター

radio

ラジオ

anteckningsbok

メモ帳

dammsugare

掃除機

kaktus

サボテン

stearinljus

ろうそく

kylskåp
冷蔵庫

mikrovågsugn
電子レンジ

köksvåg
調理用はかり

brödrost
トースター

rengöringsmedel
洗剤

ugn
オーブン

frys
冷凍室

soptunna
ゴミ箱

diskmaskin
食器洗い機

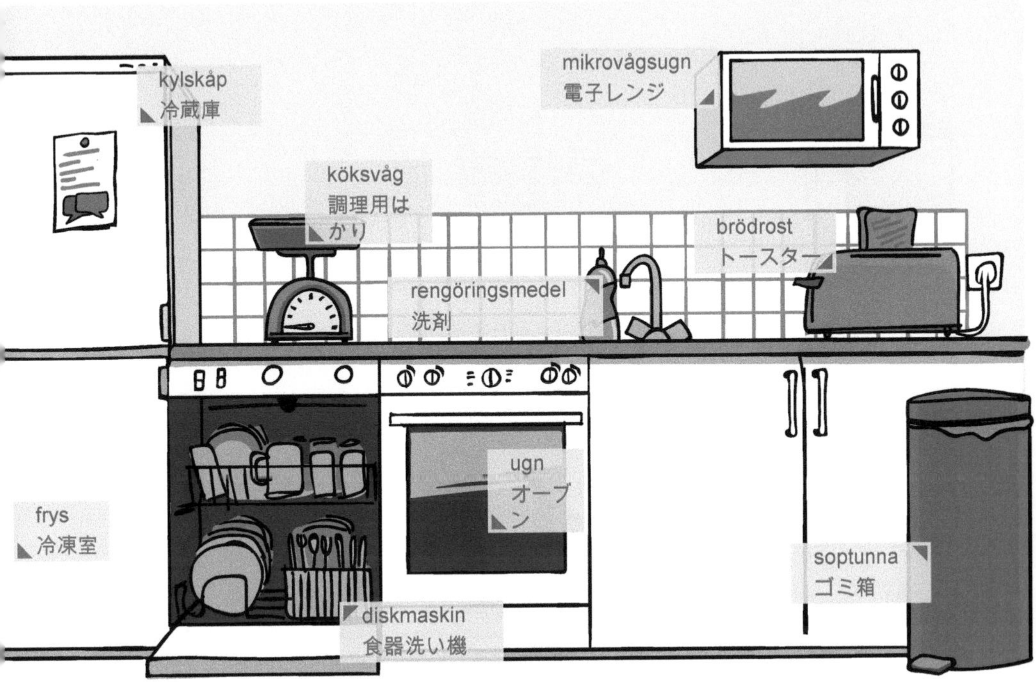

spis

こんろ

kastrull

鍋

järngryta

鉄鍋

wok / kadai

中華鍋/ カダイ鍋

stekpanna

フライパン

vattenkokare

やかん

ångkokare

蒸し器

bakplåt

天板

porslin

食器

mugg

マグカップ

skål

ボウル

ätpinnar

箸

soppslev

おたま

stekspade

へら

visp

泡立て器

durkslag

こし器

sil

ふるい

rivjärn

すりおろし器

mortel

すり鉢

grill

バーベキュー

brasa

かまど

skärbräda

まな板

kavel

麺棒

korkskruv

栓抜き

burk

缶

burköppnare

缶切り

grytlapp

鍋つかみ

vask

流し

borste

ブラシ

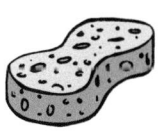

svamp

スポンジ

mixer

ミキサー

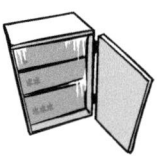

frys

冷凍庫

nappflaska

哺乳瓶

kran

蛇口

badrum
浴室

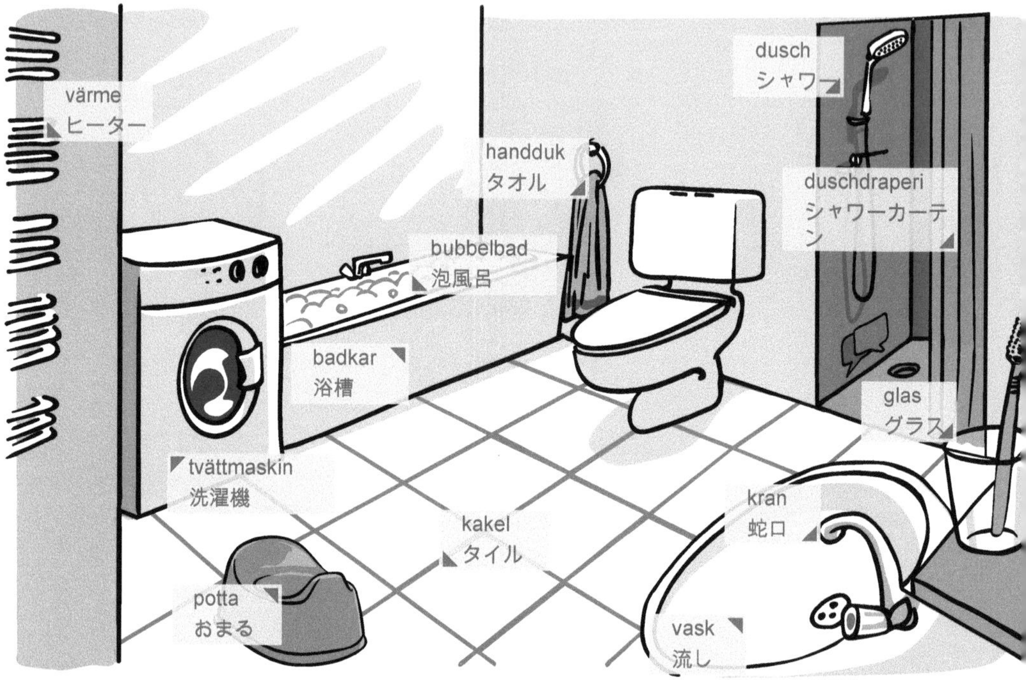
värme
ヒーター
dusch
シャワー
handduk
タオル
duschdraperi
シャワーカーテン
bubbelbad
泡風呂
badkar
浴槽
glas
グラス
tvättmaskin
洗濯機
kran
蛇口
kakel
タイル
potta
おまる
vask
流し

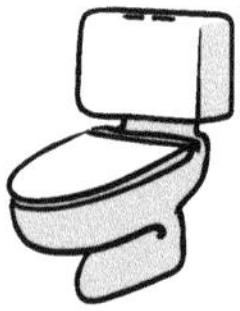
toalett
トイレ

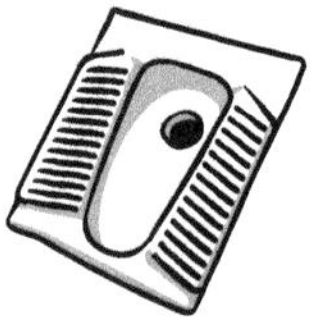
låg toalett
和式トイレ

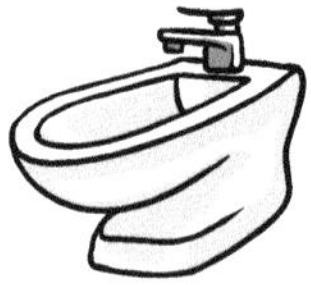
bidet
ビデ

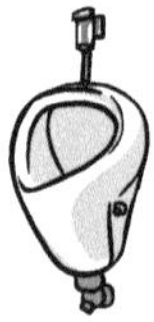
pissoar
小便器

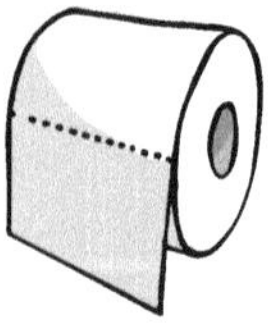
toalettpapper
トイレットペーパー

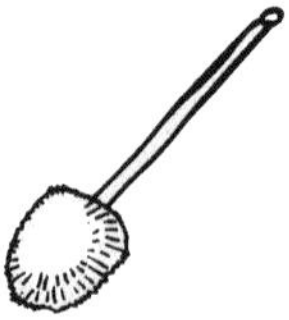
toalettborste
トイレブラシ

tandborste
歯ブラシ

tandkräm
歯みがき

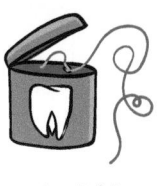

tandtråd
デンタルフロス

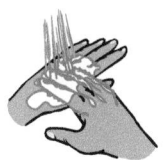

tvätta
洗う

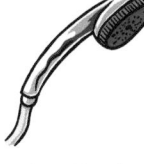

handdusch
シャワーヘッド

intimdusch
ハンドビデ

handfat
洗面台

ryggborste
ボディブラシ

tvål
石鹸

duschgel
シャワー用ジェル

schampo
シャンプー

trasa
浴用タオル

avlopp
排水口

crème
クリーム

deodorant
消臭

spegel

鏡

handspegel

手鏡

rakhyvel

かみそり

raklödder

シェービング・フォーム

rakvatten

アフターシェーブローション

kam

櫛

borste

ブラシ

hårtork

ドライヤー

hårspray

ヘアスプレー

smink

化粧

läppstift

口紅

nagellack

マニキュア

bomullsvadd

脱脂綿

nagelsax

爪切り

parfym

香水

necessär

洗面用具入れ

pall

スツール

våg

体重計

badrock

バスローブ

gummihandskar

ゴム手袋

tampong

タンポン

binda

生理用ナプキン

kemisk toalett

ケミカルトイレ

barnrum
子供部屋

väckarklocka
目覚まし時計
gosedjur
ぬいぐるみ
leksaksbil
おもちゃの自動車
skallra
がらがら
dockhus
ドール・ハウス
present
プレゼント

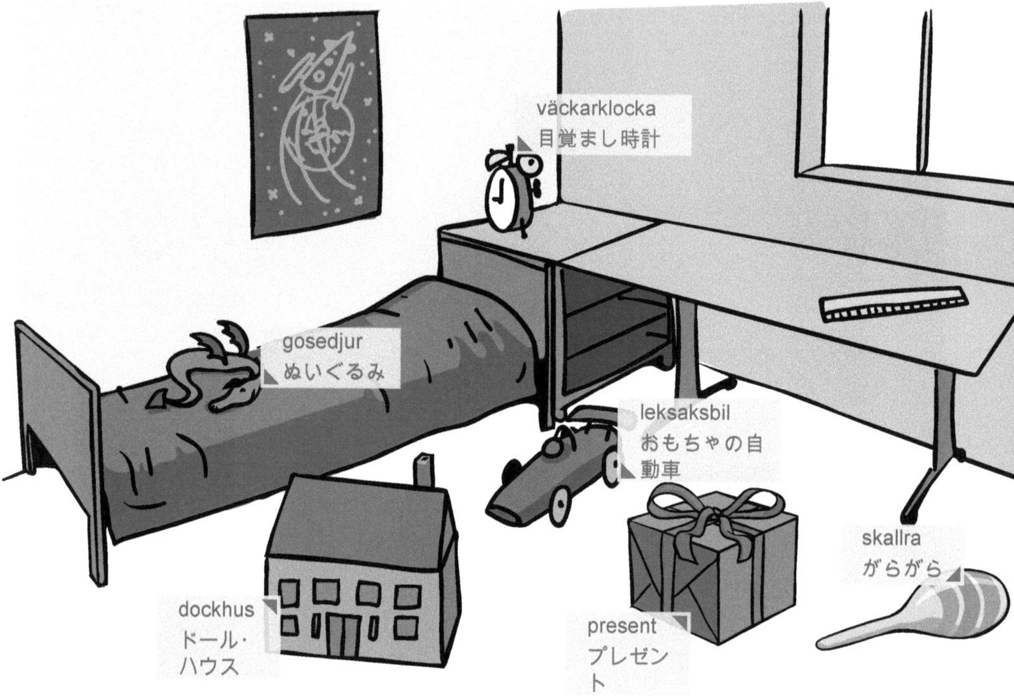

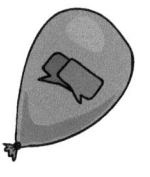

ballong
風船

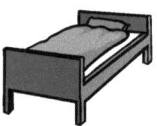

säng
ベッド

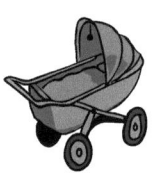

barnvagn
ベビーカー

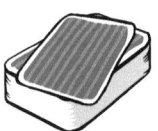

kortlek
カードゲーム

SUPER
MEGA

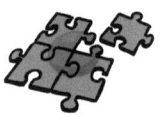

pussel
ジグソーパズル

serietidning
漫画

legobitar

レゴ

klossar

玩具ブロック

actionfigur

アクションフィギュア

sparkdräkt

ロンパース

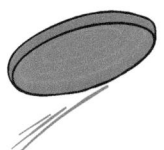

frisbee

フリスビー

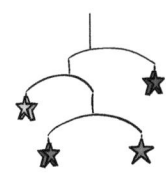

mobil

モバイル

brädspel

ボードゲーム

tärning

さいころ

modelljärnväg

鉄道模型

napp

おしゃぶり

party

パーティー

bilderbok

絵本

boll

ボール

docka

人形

spela

遊ぶ

sandlåda

砂場

gunga

ブランコ

leksaker

おもちゃ

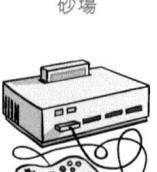

spelkonsol

ゲーム機

trehjuling

三輪車

nalle

テディベア

garderob

衣装ダンス

kläder

衣服

sockar

靴下

strumpor

ストッキング

tights

タイツ

halsduk
スカーフ

bälte
ベルト

paraply
雨傘

t-shirt
Tシャツ

stövlar
ブーツ

tofflor
スリッパ

sneakers
スニーカー

sandaler
サンダル

skor
靴

gummistövlar
ゴム長靴

underbyxor
パンツ

BH
ブラ

linne
ベスト

body
ボディースーツ

byxor
ズボン

jeans
ジーンズ

kjol
スカート

blus
ブラウス

skjorta
シャツ

pullover
セーター

sweater
パーカー

blazer
ブレザー

jacka
ジャケット

kappa
コート

regnjacka
レインコート

dräkt
服装

klänning
ドレス

bröllopsklänning
ウェディングドレス

kläder - 衣服

kostym

スーツ

nattlinne

ナイトガウン

pyjamas

パジャマ

sari

サリー

slöja

ヘッドスカーフ

turban

ターバン

burka

ブルカ

kaftan

カフタン

abaya

アバヤ

baddräkt

水着

badbyxor

トランクス

shorts

半ズボン

träningsoverall

スウェットスーツ

förkläde

エプロン

handskar

手袋

kläder - 衣服

knapp

ボタン

glasögon

メガネ

armband

ブレスレット

halsband

ネックレス

ring

指輪

örhänge

イヤリング

mössa

帽子

galge

ハンガー

hatt

帽子

slips

ネクタイ

dragkedja

ファスナー

hjälm

ヘルメット

hängslen

サスペンダー

skoluniform

制服

uniform

ユニフォーム

haklapp

よだれかけ

napp

おしゃぶり

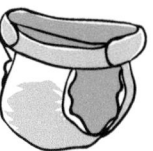

blöja

おむつ

kontor
オフィス

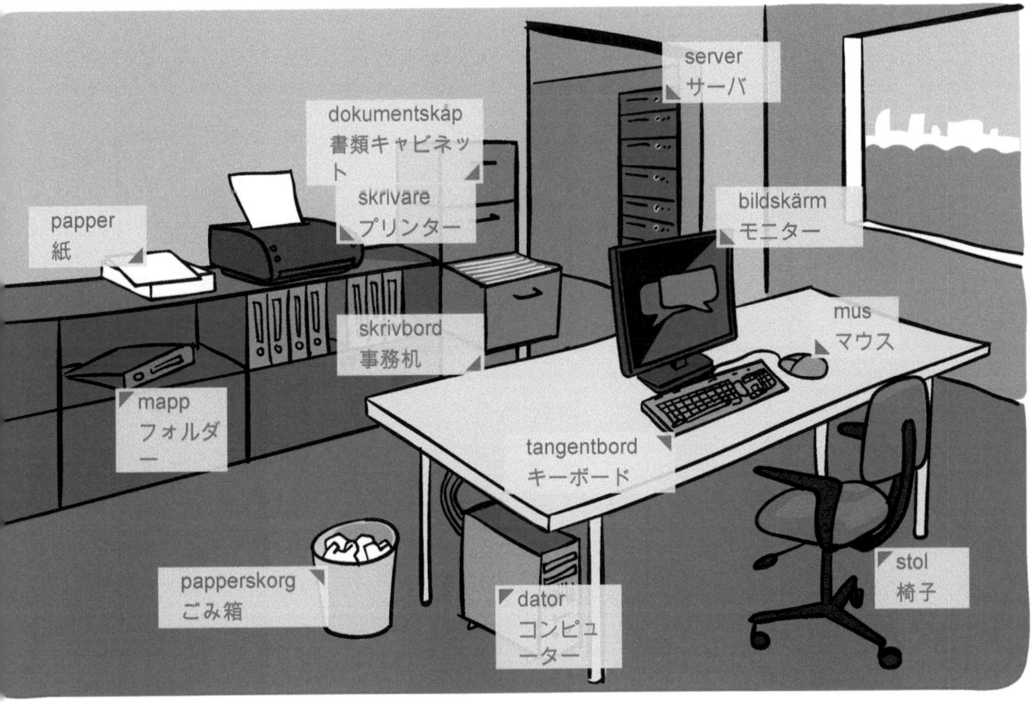

server
サーバ

dokumentskåp
書類キャビネット

skrivare
プリンター

bildskärm
モニター

papper
紙

mus
マウス

skrivbord
事務机

mapp
フォルダー

tangentbord
キーボード

papperskorg
ごみ箱

stol
椅子

dator
コンピューター

kaffemugg

コーヒーマグ

miniräknare

計算機

internet

インターネット

bärbar dator

ラップトップ

brev

手紙

meddelande

メッセージ

mobiltelefon

携帯電話

nätverk

ネットワーク

kopieringsapparat

コピー機

programvara

ソフトウェア

telefon

電話

vägguttag

コンセント

fax

ファックス

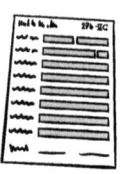

blankett

フォーム

dokument

書類

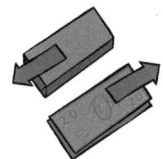

köpa

買う

betala

支払う

handla

取引する

pengar

お金

dollar

ドル

euro

ユーロ

yen

円

rubel

ルーブル

schweizisk franc

スイスフラン

renminbi yan

人民元

rupie

ルピー

bankomat

キャッシュポイント

växelkontor

両替所

guld

金

silver

銀

olja

油

energi

エネルギー

pris

価格

kontrakt

契約

skatt

税金

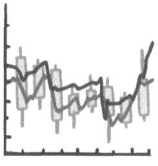

aktie

株

arbeta

働く

anställd

従業員

arbetsgivare

雇用主

fabrik

工場

affär

ショップ

yrken
職業

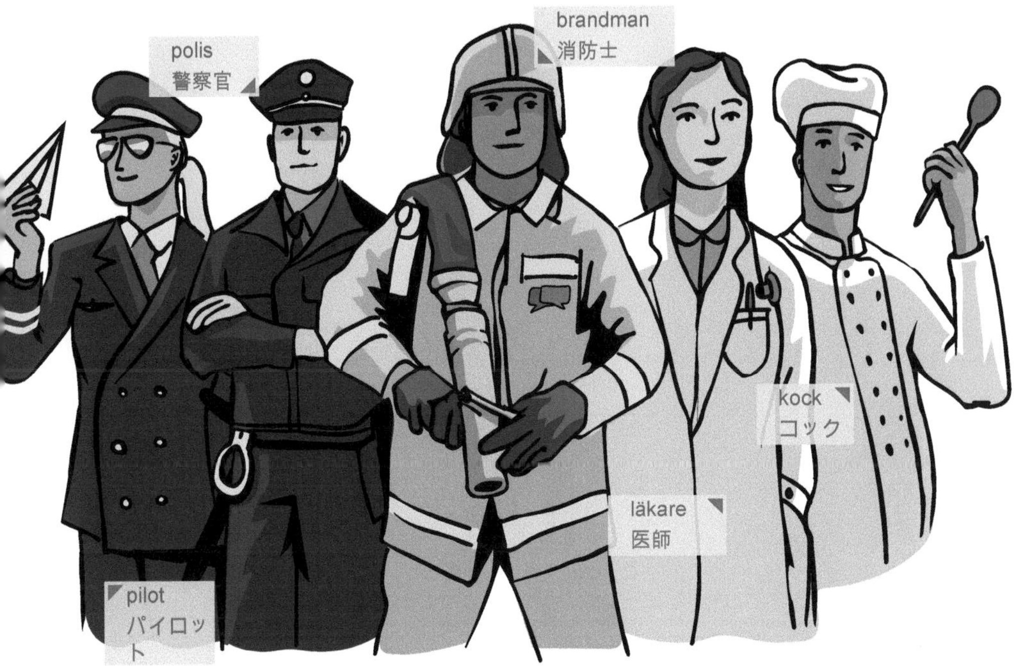
polis
警察官
brandman
消防士
kock
コック
läkare
医師
pilot
パイロット

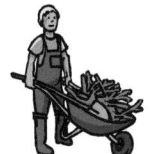

trädgårdsmästare

庭師

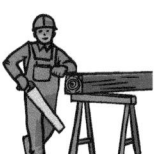

snickare

大工

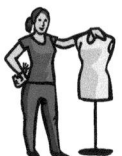

sömmerska

お針子

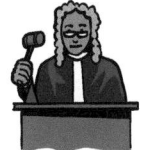

domare

裁判官

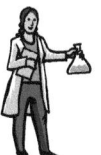

kemist

化学者

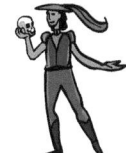

skådespelare

俳優

busschaufför

バスの運転手

taxichaufför

タクシー運転手

fiskare

漁師

städerska

掃除婦

takläggare

屋根ふき職人

servitör

ウェイター

jägare

ハンター

målare

塗装工

bagare

パン屋

elektriker

電気工

byggarbetare

建設作業員

ingenjör

エンジニア

slaktare

肉屋

rörmokare

配管工

brevbärare

郵便配達人

soldat

軍人

arkitekt

建築家

kassör

レジ係

florist

花屋

frisör

美容師

konduktör

車掌

mekaniker

機械工

kapten

キャプテン

tandläkare

歯科医

vetenskapsman

科学者

rabbin

ラビ

imam

イスラム導師

munk

修道士

präst

牧師

verktyg
道具

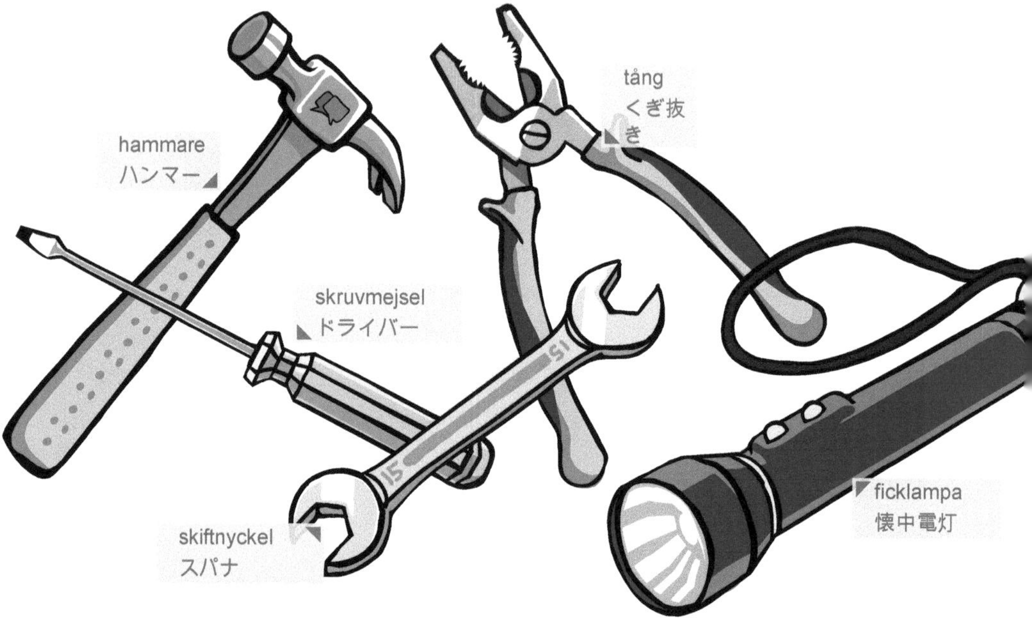

tång
くぎ抜
き
hammare
ハンマー
skruvmejsel
ドライバー
ficklampa
懐中電灯
skiftnyckel
スパナ

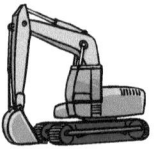

grävmaskin

掘削機

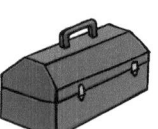

verktygslåda

道具箱

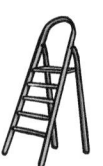

stege

はしご

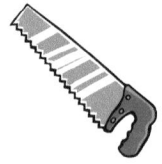

såg

のこぎり

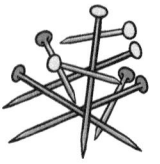

spik

釘

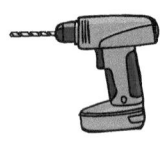

borr

ドリル

reparera

修理する

spade

シャベル

Helvete!

クソ！

sopskyffel

ちりとり

färgburk

ペンキ缶

skruvar

ネジ

musikinstrument
楽器

högtalare
スピーカー

trummor
打楽器

kontrabas
コントラバス

trumpet
トランペット

gitarr
ギター

piano

ピアノ

violin

バイオリン

bas

バス

timpani

ティンパニ

trumma

ドラム

keyboard

キーボード

saxofon

サックス

flöjt

フルート

mikrofon

マイクロフォン

ZOO

動物園

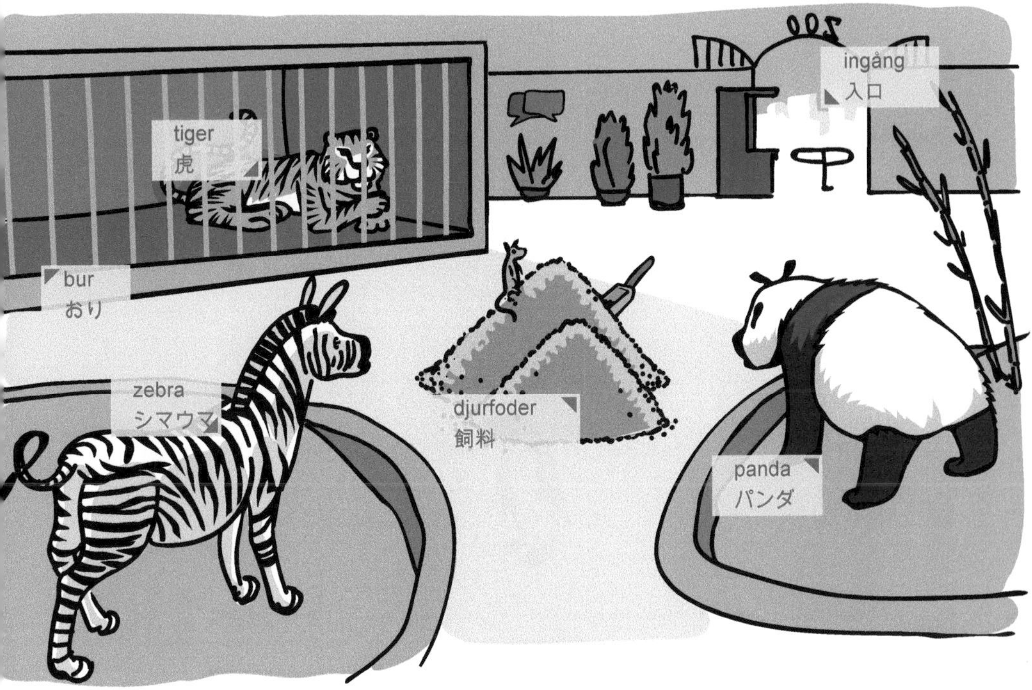

tiger
虎
ingång
入口
bur
おり
zebra
シマウマ
djurfoder
飼料
panda
パンダ

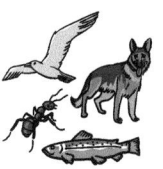

djur

動物

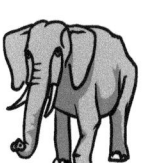

elefant

象

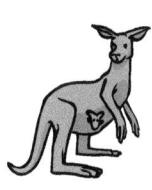

känguru

カンガルー

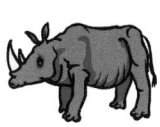

noshörning

サイ

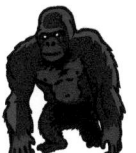

gorilla

ゴリラ

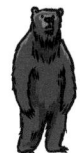

björn

熊

kamel

ラクダ

struts

ダチョウ

lejon

ライオン

apa

猿

flamingo

フラミンゴ

papegoja

オウム

isbjörn

白クマ

pingvin

ペンギン

haj

サメ

påfågel

クジャク

orm

蛇

krokodil

ワニ

djurskötare

飼育係

säl

アザラシ

jaguar

ジャガー

ponny

ポニー

leopard

ヒョウ

flodhäst

カバ

giraff

キリン

örn

鷲

vildsvin

雄豚

fisk

魚

sköldpadda

亀

valross

セイウチ

räv

狐

gazell

ガゼル

amerikansk fotboll
アメフト

cykling
サイクリ
ング

tennis
テニス

basket
バスケット
ボール

simning
水泳

boxning
ボクシン
グ

ishockey
アイスホッ
ケー

fotboll

サッカー

badminton

バドミントン

friidrott

陸上競技

handboll

ハンドボール

skidåkning

スキー

polo

ポロ

skratta
笑う

hoppa
跳ぶ

krama
抱きしめる

gå
歩く

sjunga
歌う

drömma
夢見る

be
祈る

kyssa
キス

skriva
書く

rita
描く

visa
示す

skjuta
押す

ge
与える

ta
取る

hagel

持っている

göra

する

vara

ある

stå

立つ

springa

走る

dra

引く

kasta

投げる

falla

落ちる

ligga

横たわっている

vänta

待つ

bära

運ぶ

sitta

座る

klä på

着る

sova

眠る

vakna

目が覚める

se på
見る

gråta
泣く

smeka
なでる

kamma
櫛ですく

prata
話す

förstå
理解する

fråga
質問する

höra
聞く

dricka
飲む

äta
食べる

städa
片づける

älska
愛する

laga mat
料理する

köra
運転する

flyga
飛ぶ

segla

ヨットに乗る

räkna

計算する

läsa

読む

lära sig

学ぶ

arbeta

働く

gifta sig

結婚する

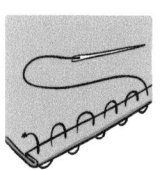

sy

縫う

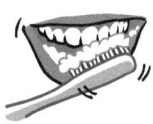

borsta tänderna

歯を磨く

döda

殺す

röka

喫煙する

skicka

送る

familj
家族

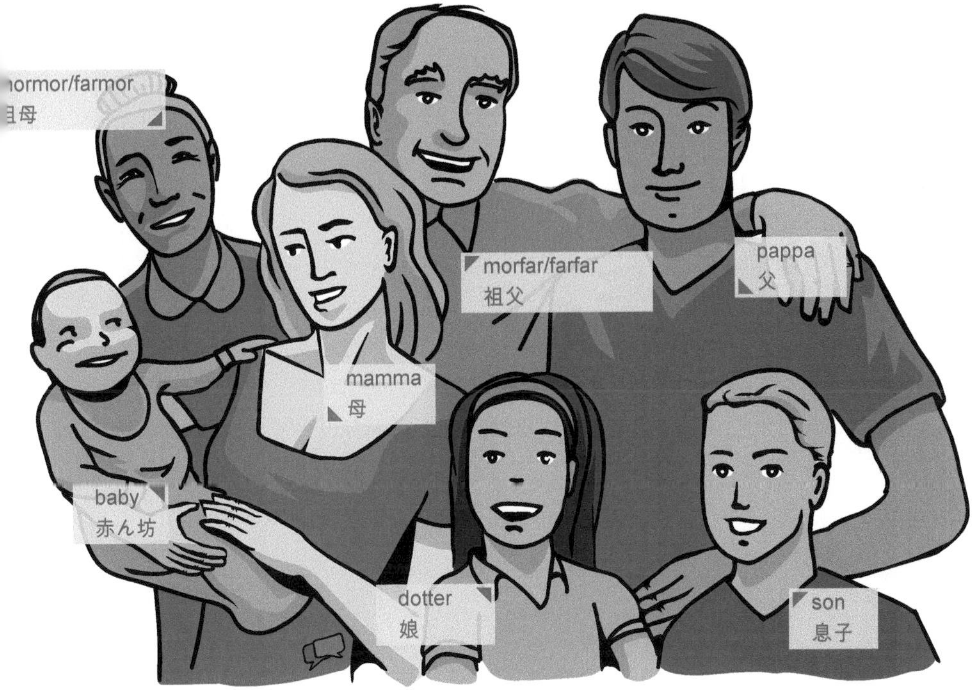

ormor/farmor
母
morfar/farfar
祖父
pappa
父
mamma
母
baby
赤ん坊
dotter
娘
son
息子

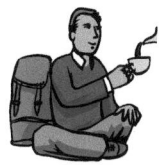

gäst

お客様

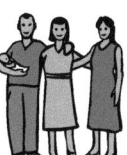

moster/faster

おば

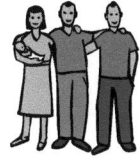

farbror/morbror

おじ

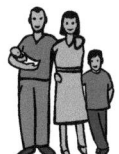

bror

兄弟

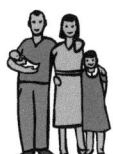

syster

姉妹

kropp

体

panna
ひたい
öga
目
skuldra
肩
finger
指
ansikte
顔
haka
あご
hand
手
bröst
胸
ben
脚
arm
腕

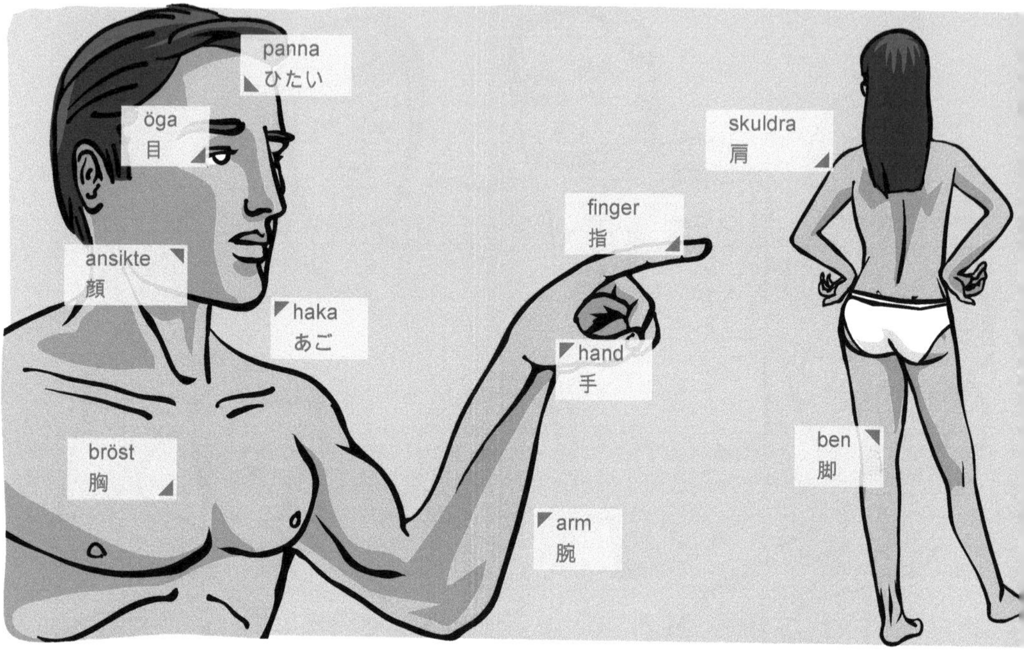

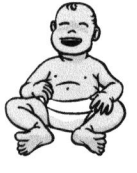

baby
赤ん坊

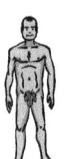

man
男性

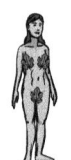

kvinna
女性

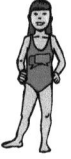

flicka
少女

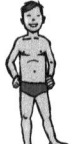

pojke
少年

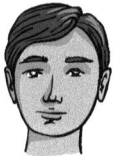

huvud
頭

rygg
背中

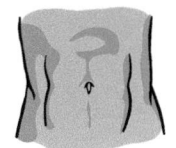

mage
腹

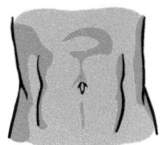

navel
へそ

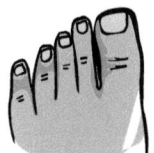

tå
足指

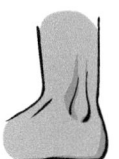

häl
かかと

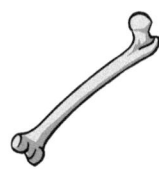

ben
骨

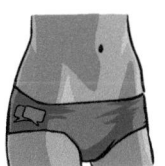

höft
腰

knä
ひざ

armbåge
ひじ

näsa
鼻

stjärt
尻

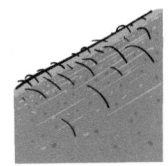

hud
皮膚

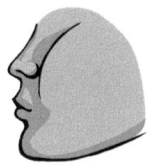

kind
頬

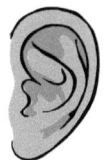

öra
耳

läpp
唇

kropp - 体

mun

口

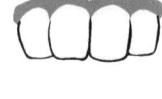

tand

歯

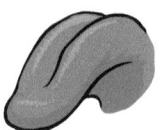

tunga

舌

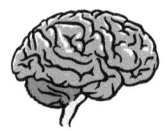

hjärna

脳

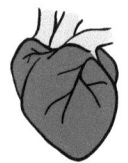

hjärta

心臓

muskel

筋肉

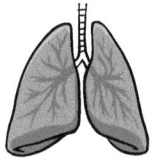

lunga

肺

lever

肝臓

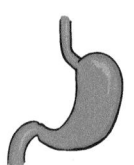

magsäck

胃

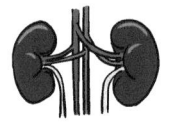

njurar

腎臓

sex

セックス

kondom

コンドーム

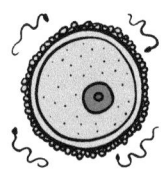

äggcell

卵細胞

sperma

精液

graviditet

妊娠

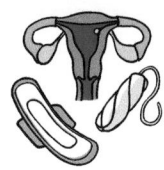

menstruation

月経

vagina

膣

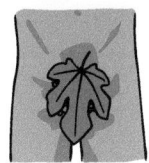

penis

ペニス

ögonbryn

眉

hår

髪

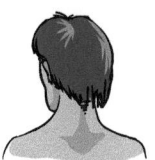

nacke

首

sjukhus
病院

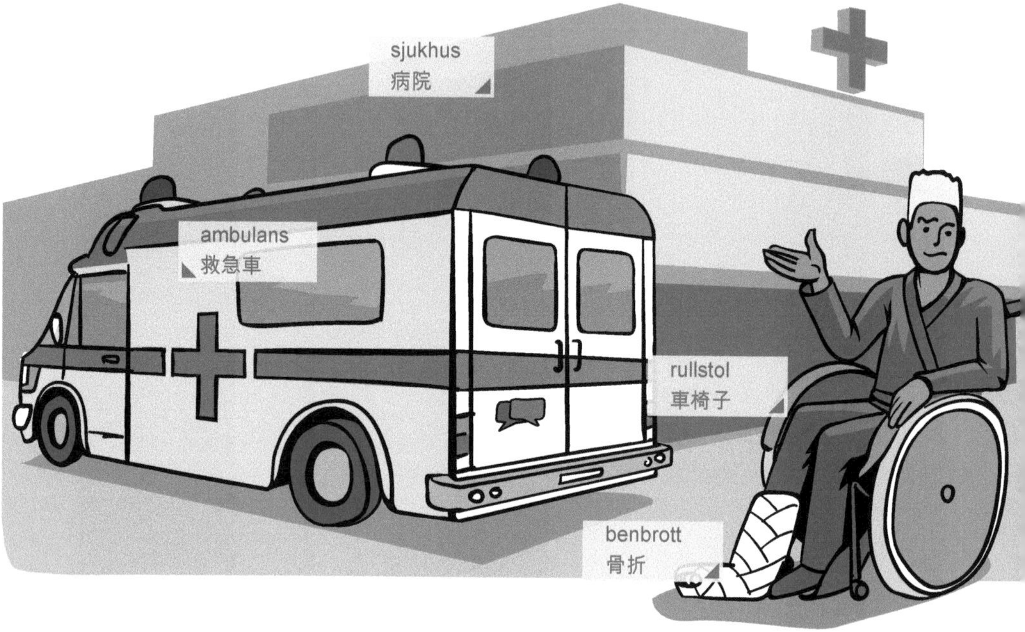

sjukhus
病院
ambulans
救急車
rullstol
車椅子
benbrott
骨折

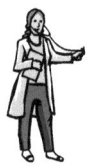

läkare

医師

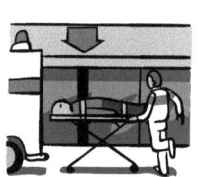

akutmottagning

救急治療室

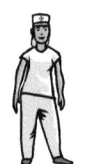

sjuksköterska

看護師

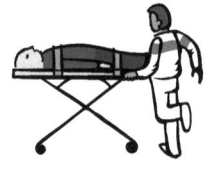

nödsituation

救急

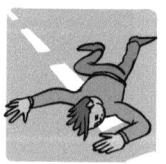

medvetslös

失神

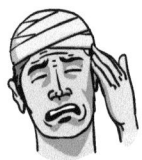

smärta

痛み

skada
けが

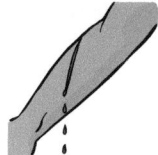

blödning
出血

hjärtattack
心臓発作

slaganfall
脳卒中

allergi
アレルギー

hosta
咳

feber
熱

influensa
インフルエンザ

diarré
下痢

huvudvärk
頭痛

cancer
癌

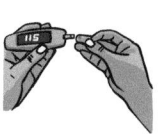

diabetes
糖尿病

kirurg
外科医

skalpell
外科用メス

operation
手術

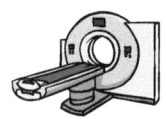

CT
CT

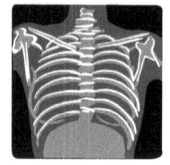

röntgen
レントゲン

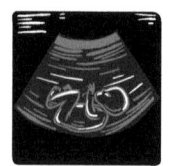

ultraljud
超音波

ansiktsmask
マスク

sjukdom
病気

väntsal
待合室

krycka
松葉づえ

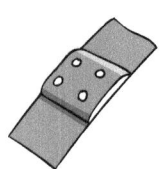

plåster
ばんそうこう

bandage
包帯

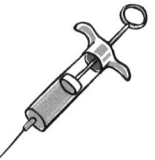

injektion
注射

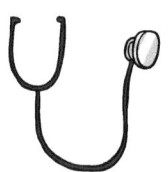

stetoskop
聴診器

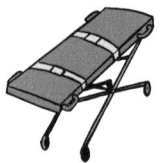

bår
担架

termometer
体温計

födsel
出産

övervikt
肥満

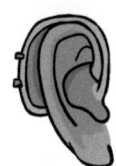

hörapparat

補聴器

desinfektionsmedel

消毒剤

infektion

感染

virus

ウイルス

HIV / AIDS

HIV / エイズ

medicin

内服薬

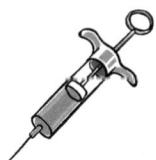

vaccination

予防接種

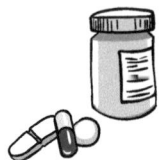

tabletter

錠剤

p-piller

ピル

nödsamtal

緊急電話

blodtrycksmätare

血圧計

sjuk / frisk

病気の / 健康な

Hjälp!

助けて！

alarm

アラーム

överfall

暴行

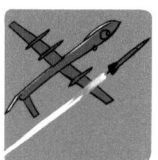

misshandel

攻撃

fara

危険

nödutgång

非常口

Det brinner!

火事だ！

brandsläckare

消火器

olycka

事故

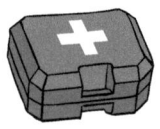

förbandslåda

救急箱

SOS

SOS

polis

警察

Europa

ヨーロッパ

Nordamerika

北米

Sydamerika

南米

Afrika

アフリカ

Asien

アジア

Australien

オーストラリア

Atlanten

大西洋

Stilla Havet

太平洋

Indiska Oceanen

インド洋

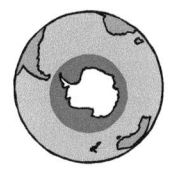

Antarktiska Oceanen

南極海

Arktiska Oceanen

北極海

Nordpol

北極

Sydpol

南極

Antarktis

南極大陸

Jorden

地球

land

陸

hav

海

ö

島

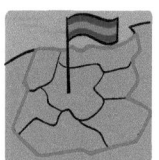

nation

国家

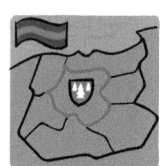

stat

国家

urtavla

文字盤

timvisare

短針

minutvisare

長針

sekundvisare

秒針

Vad är klockan?

何時ですか？

dag

日

tid

時間

nu

現在

digital klocka

デジタル時計

minut

分

timme

時間

måndag 月曜 MO

onsdag 水曜 W

fredag 金曜 FR

TU

TH

tisdag 火曜

lördag 土曜 SA

SO

torsdag 木曜

söndag 日曜

igår
昨日

idag
今日

imorgon
明日

morgon
朝

middag
昼

kväll
夜

MO	TU	WE	TH	FR	SA	SU
1	2	3	4	5	6	7
8	9	10	11	12	13	14
15	16	17	18	19	20	21
22	23	24	25	26	27	28
29	30	31	1	2	3	4

vardagar
営業日

MO	TU	WE	TH	FR	SA	SU
1	2	3	4	5	6	7
8	9	10	11	12	13	14
15	16	17	18	19	20	21
22	23	24	25	26	27	28
29	30	31	1	2	3	4

helg
週末

regn
▶雨

regnbåge
▶虹

snö
雪

vind
風

vår
春

höst
秋

sommar
夏

vinter
冬

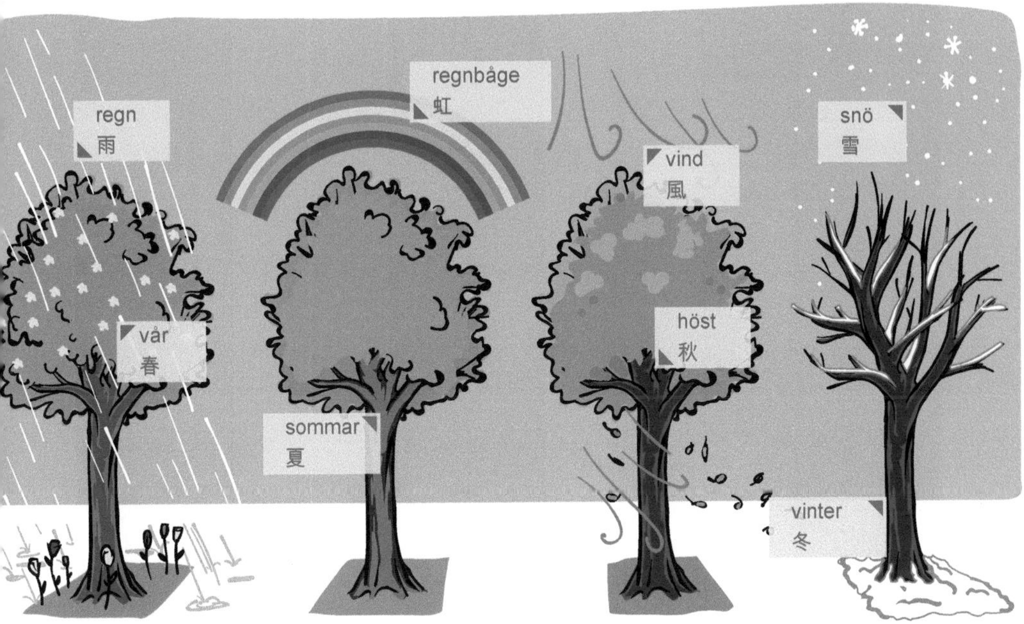

väderprognos

天気予報

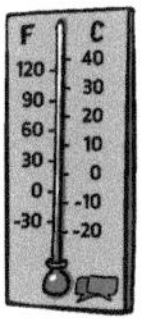

termometer

温度計

solsken

日差し

moln

雲

dimma

霧

luftfuktighet

湿度

blixt

雷

åska

雷

storm

嵐

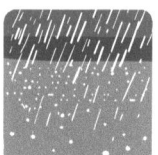

hagel

ひょう

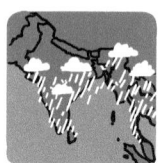

monsun

季節風

översvämning

洪水

is

氷

januari

1月

februari

2月

mars

3月

april

4月

maj

5月

juni

6月

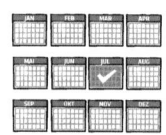

juli

7月

augusti

8月

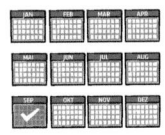

september
....
9月

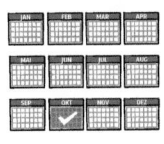

oktober
....
10月

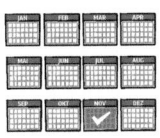

november
....
11月

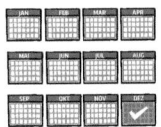

december
....
12月

former

形

cirkel
....
円

kvadrat
....
正方形

rektangel
....
長方形

triangel
....
三角

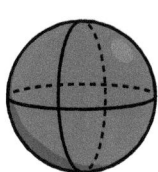

sfär
....
球

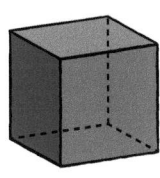

kub
....
立方体

vit

白

gul

黄

orange

オレンジ

rosa

ピンク

röd

赤

lila

紫

blå

青

grön

緑

brun

茶

grå

灰色

svart

黒

mycket / lite

多い ／ 少ない

arg / lugn

怒っている /
落ち着いている

vacker / ful

美しい ／ 醜い

början / slut

初め ／ 終わり

stor / liten

大きい ／ 小さい

ljus / mörk

明るい ／ 暗い

bror / syster

兄弟 ／ 姉妹

ren / smutsig

清潔な / 汚い

komplett / ofullständig

完全な ／ 不完全な

dag / natt

日中 ／ 夜

död / levande

死んだ ／ 生きている

bred / smal

幅広い ／ 狭い

ätlig / oätlig

食べられる /
食べられない

ond / god

悪意のある / 親切な

upphetsad / uttråkad

興奮している /
退屈している

tjock / smal

太った / 痩せた

först / sist

最初に / 最後に

vän / fiende

友人 / 敵

full / tom

いっぱいの / 空の

hård / mjuk

硬い / 柔らかい

tung / lätt

重い / 軽い

hunger / törst

空腹 / 喉の渇き

sjuk / frisk

病気の / 健康な

olaglig / laglig

違法な / 合法な

intelligent / dum

賢い / 愚かな

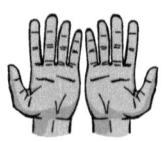

vänster / höger

左に / 右に

nära / långt bort

近い / 遠い

ny / begagnad

新しい / 中古の

inget / något

何もない / 何かある

gammal / ung

老いた / 若い

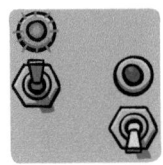

på / av

オン / オフ

öppen / stängd

開いている /
閉まっている

tyst / högljudd

静かな / うるさい

rik / fattig

裕福な / 貧乏な

rätt / fel

正しい / 間違っている

grov / slät

粗い / なめらか

ledsen / glad

悲しい / 幸せな

kort / lång

短い / 長い

långsam / snabb

ゆっくり / 速い

våt / torr

濡れた / 乾いた

varm / sval

温かい / 冷たい

krig / fred

戦争 / 平和

0

noll

ゼロ

1

ett

1

2

två

2

3

tre

3

4

fyra

4

5

fem

5

6

sex

6

7

sju

7

8

åtta

8

9

nio

9

10

tio

10

11

elva

11

12

tolv

12

13

tretton

13

14

fjorton

14

15

femton

15

16

sexton

16

17

sjutton

17

18

arton

18

19

nitton

19

20

tjugo

20

100

hundra

100

1.000

tusen

1000

1.000.000

miljon

100万

engelska

英語

amerikansk engelska

アメリカ英語

kinesisk mandarin

中国標準語

hindi

ヒンディー語

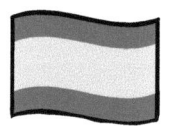

spanska

スペイン語

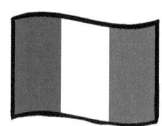

franska

フランス語

arabiska

アラビア語

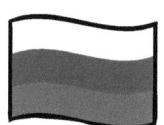

ryska

ロシア語

portugisiska

ポルトガル語

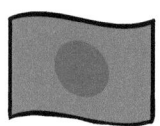

bengali

ベンガル語

tyska

ドイツ語

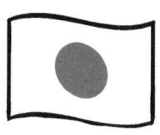

japanska

日本語

jag

私

du

あなた

han / hon / den (det)

彼 ／ 彼女 ／ それ

vi

私たち

ni

あなたたち

de

彼ら

vem?

誰？

vad?

何？

hur?

どうやって？

var?

どこ？

när?

いつ？

namn

名前

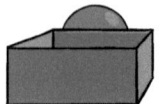

bakom

後ろ

i

中

framför

前

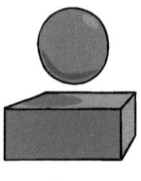

över

上

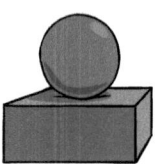

på

上

under

下

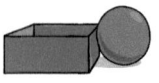

bredvid

横

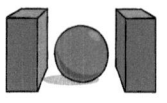

mellan

間

plats

場所